Spuren lesen

Religionsbuch für das 1./2. Schuljahr

Diesterweg calwer

Spuren lesen

Religionsbuch für das 1. / 2. Schuljahr

Herausgegeben von
Petra Freudenberger-Lötz

Erarbeitet von
Ulrike von Altrock, Petra Freudenberger-Lötz,
Ulrike Itze, Edelgard Moers, Anita Müller-Friese
und Brigitte Zeeh-Silva

Illustriert von
Yvonne Hoppe-Engbring

Druck A[12] / Jahr 2022
Alle Drucke der Serie A sind im Unterricht parallel verwendbar.

Redaktion: Berthold Brohm, Kirstin Jebautzke, Stephanie Schönhof, Maike Götting
Umschlaggestaltung: Annette Henko
mit einer Illustration von Yvonne Hoppe-Engbring
Typografie und Layout: Annette Henko
Druck und Bindung: Westermann Druck Zwickau GmbH,
Crimmitschauer Straße 43, 08058 Zwickau

ISBN 978-3-425-07731-4 (Diesterweg)
ISBN 978-3-7668-4114-8 (Calwer)

Inhalt

Das machen wir im Religionsunterricht

Welche Geschichten
stehen in der Bibel?

Wer ist Jesus?

Wie können wir
uns vertragen?

Warum feiern wir
Weihnachten?

Bin ich auch wichtig?

Fragen stellen und Antworten finden,
das ist wichtig im Religionsunterricht.

Liebe Kinder,

in diesem Buch findet ihr
viele spannende Geschichten und Bilder.

Jedes Kapitel handelt von euch
und jedes Kapitel handelt von Gott.
„Wie soll das gehen?“, fragt ihr vielleicht.
Antworten findet ihr im Buch. Sucht danach.

Die Zeichen am unteren Rand bedeuten:

Was fällt euch ein?
Besprecht eure Ideen.

Geht der Sache auf den Grund
und denkt genau darüber nach.

Gestaltet etwas mit euren Händen
(schreiben, malen, basteln, ...).

Kommt zur Ruhe, erlebt die Stille,
feiert und betet.

Erarbeitet ein Rollenspiel oder ein Standbild.

Wir wünschen euch viel Freude mit diesem Religionsbuch.

Euer Schulbuch-Team

Spuren verfolgen, Entdeckungen machen,
singen, spielen, beten und feiern gehören auch dazu.

Ich bin einmalig

Das Bild erzählt viele Geschichten – entdecke sie.

In diesem Bild findest du viele Gefühle – erzähle.
Gestalte dein eigenes Gefühle-Herz.

Gott ist in unserer Mitte

- Gestaltet ein Bodenbild im Klassenzimmer mit euren Namen.
- Was steht in eurer Mitte?
- Betrachtet einander: Male ein Kind in deiner Klasse und stelle es vor.

Gott begleitet mich

Wo begleitet dich Gott?

Male ein Fürchte-dich-nicht-Bild.

Bei Gott geborgen

Von guten Mächten
wunderbar geborgen
erwarten wir getrost,
was kommen mag.
Gott ist mit uns am Abend
und am Morgen
und ganz gewiss
an jedem neuen Tag.

Dietrich Bonhoeffer

Können wir Gott sehen, fühlen, hören?
Was fühlt das Kind auf dem Bild?

Ich vertraue dir

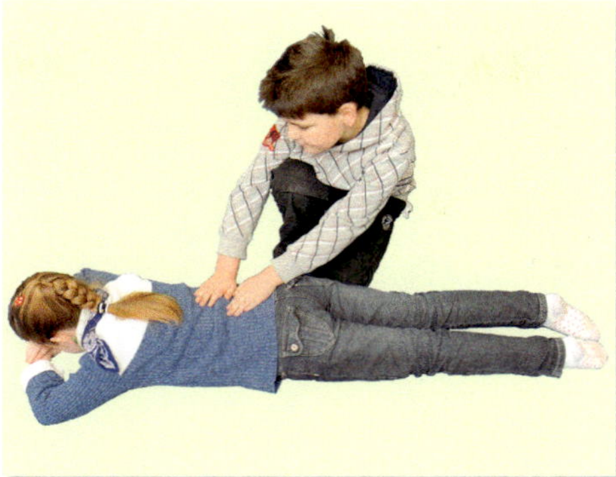

Gott beschützt dich. Wie kannst du dies erleben?

Finde Zeichen des Vertrauens.

Ich werde still

Gott, ich danke dir für diesen Tag
und bin gespannt,
was kommen mag.
Gehe mit uns ein und aus,
beschütze unser Körperhaus.
Amen.

Probiert die Gebetshaltungen aus. Welche passen gut zum Gebet?
Sprecht das Gebet mit Gesten.
Woran erinnert euch das Bodenbild? Was könnte es bedeuten?

Spurensuche

Das Wichtigste
ist
...

Psalm 91,
Verse 1–2

Psalm 121

Das
kann
ich
...

Wenn ich lache,
wenn ich weine,
bist du guter Gott bei mir,
darum bin ich nie alleine,
ich gehöre ja zu dir.

Ich habe
noch
eine
Frage
...

Wir freuen uns an der Schöpfung

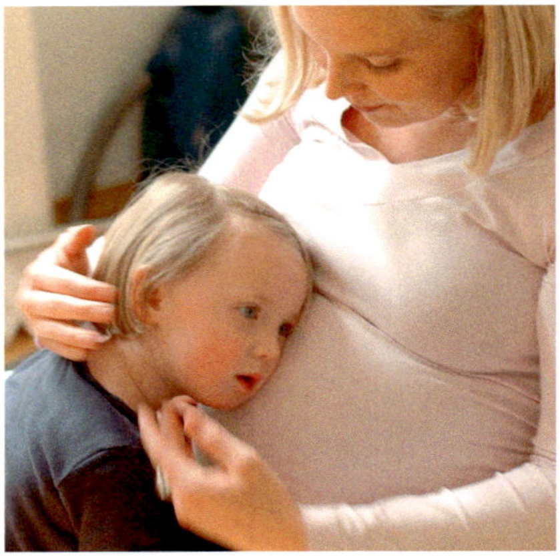

Gottes schöne Welt

Was gibt es Schönes in der Welt?

Gestalte dein eigenes Poster.

Wer bin ich?

Niemand ist wie du.
Niemand in deinem Land,
auf deinem Kontinent,
auf dem dritten Planeten
dieses Sonnensystems,
in der Galaxie,
die wir Milchstraße nennen.
Niemand,
weil du einmalig bist.

Ulrich Schaffer

Zeichne dich.
Male und schreibe über dich.

Warum gibt es die Welt?

Die Bibel erzählt:

Am Anfang
schuf Gott
Himmel und Erde.

Gott sah,
dass es gut war.

- Erzähle die Schöpfungsgeschichte.
- Gibt es ein Bild, das man weglassen könnte? Was wäre dann?
- Gestaltet eigene Schöpfungsbilder.

Wie ist die Welt entstanden?

Wissenschaftler untersuchen,
wie die Welt entstanden ist.
Auch du kannst forschen
und dich informieren.

Sprecht darüber, was ihr über die Entstehung der Erde wisst.

Bereitet eine Ausstellung vor (zum Beispiel mit Büchern, Bildern, Steinen).

Ich kümmere mich um die Welt

Wie kannst du dich um die Welt kümmern?

Male oder schreibe, was du bereits tust und was du tun kannst.

Ich kümmere mich um Menschen

Spielt die Geschichte nach.
Hat dir schon einmal jemand geholfen?
Kennst du Menschen, die deine Hilfe brauchen?

Ich lobe Gott

Laudato si

Sei gepriesen, du hast die Welt erschaffen!
Sei gepriesen, denn du bist wunderbar, Gott!

*Gott, du
behütest mich
wie eine
Adlermutter.*

nach 5. Mose 32, Vers 11

Sei bitte bei mir
jeden Tag.

*Gott, unser Schöpfer,
wir loben dich,
denn du bist groß
und hast unsere Welt
wunderbar gemacht.*

nach Psalm 104

Danke Gott,
für die Eltern
und für meinen Hund
und für die Blumen.

- Wie lobst du Gott?
- Male oder schreibe einen Dank an Gott.
- Erfindet weitere Strophen für das Lied und singt es in der Klasse.

Spurensuche

Ich danke dir dafür,
dass ich wunderbar gemacht bin.
Wunderbar sind deine Werke,
das erkennt meine Seele.

Psalm 139, Vers 14

Lebt Gott auch auf der Welt?

Ich habe noch eine Frage

…

Das kann ich

…

Das Wichtigste ist

…

1. Mose 1 bis
1. Mose 2, Vers 4

1. Mose 6, Vers 5 bis
1. Mose 9, Vers 17

Lukas 10,
Verse 25–37

Gott, wer bist du?

Gott ist wie der Freund
aller Menschen und Tiere.

(Iris)

Gott ist wie Licht. (Julia)

Der Gott ist für mich
auf der Erde. (Niklas)

Wie stellst du dir Gott vor? Male ein Bild dazu.

Schreibe deine Gedanken über Gott auf.

Sprecht über eure Bilder und Gedanken.

Fragen stellen kann ich gut

Fragen stellen kann ich gut.
Fragen stellen macht mir Mut.
Fragen stellen immerzu,
Fragen stellen sollst auch du.

1. Ist Gott wie ein alter Mann?
Hat er auch Pantoffeln an?
Wohnt er in dem Wolkenmeer?
Oder ist er noch viel mehr?

2. Ist Gott in dem Sonnenstrahl?
Ist er auch im tiefen Tal?
Macht er mir bei Sorgen Mut?
Sagt er auch: Das ist nicht gut?

3. Wohnt Gott in der ganzen Welt
oder nur am Himmelszelt?
Ist er überall und hier
oder ist er auch in mir?

4. Wie kann Gott wohl wirklich sein?
Frag ich mich das nur allein?
Welche Vorstellung habe ich?
Welches Bild begleitet dich?

Das Lied stellt viele Fragen.
Welche Fragen hast du?

Die Bibel erzählt von Gott

Die Bibel erzählt uns in Bildern von Gott. Welches Bild magst du am liebsten?
Sprecht über eure Gedanken.

Gott ist wie ...

... eine Hand, die mich führt.

... eine Mutter und wie ein Vater.

... ein Freund oder eine Freundin.

... ein Hirte.

... ein Haus.

... eine Sonne.

... eine Quelle.

... ein Fels.

... ?

Wähle ein Gottesbild der Bibel aus.
Schreibe es auf und gestalte es mit deinen Farben und Gedanken.

Gott ist wie ein guter Hirte

Der Herr ist mein Hirte,
mir wird nichts mangeln.
Er weidet mich auf einer grünen Aue
und führet mich zum frischen Wasser.
Er erquicket meine Seele.
Er führet mich auf rechter Straße
um seines Namens willen.

Und ob ich schon wanderte
im finstern Tal,
fürchte ich kein Unglück;
denn du bist bei mir,
dein Stecken und Stab trösten mich.

Du bereitest vor mir einen Tisch
im Angesicht meiner Feinde.
Du salbest mein Haupt mit Öl
und schenkest mir voll ein.

Gutes und Barmherzigkeit
werden mir folgen mein Leben lang,
und ich werde bleiben
im Hause des Herrn immerdar.

Der 23. Psalm – Ein Psalm Davids

Gott wird hier mit einem Hirten verglichen.
Gott wird Herr genannt. Erkläre.
Male eigene Bilder zum Psalm.

Gott begleitet wie ein guter Hirte

Was ist auf dem Bild dargestellt?

Finde die Gedanken des Psalms im Bild.

Gott suchen – Gottes Spuren erforschen

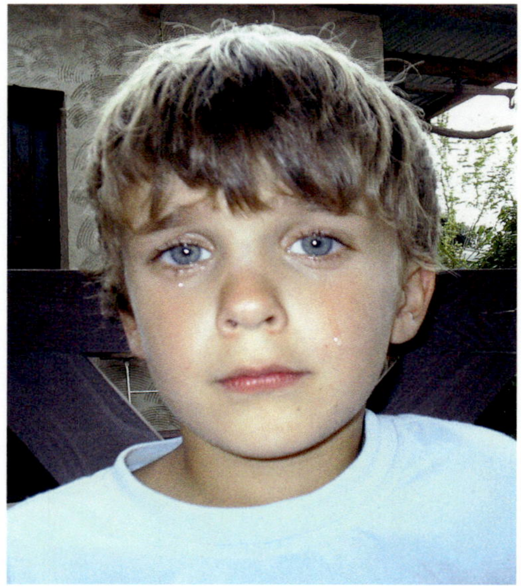

KIRCHE MIT KINDERN

Wo findest du Spuren Gottes?

Wo Liebe ist,
da ist auch Gott.

Gestalte ein eigenes Bild, auf dem man Gottes Spuren entdecken kann.
Legt die Bilder im Kreis aus. Erzählt reihum von Gottes Spuren.

Beten heißt: Mit Gott sprechen

Lieber Gott, warum ...?

Gott, wir danken dir ...

Hallo, Gott, ich möchte dir erzählen ...

Wann betest du zu Gott? Wo betest du am liebsten?
Schreibe dein Gebet in dein Heft.
Gestalte ein Bild zu deinem Gebet.

Spurensuche

Psalm 68,
Vers 6

Psalm 84,
Vers 12

Ich habe noch eine Frage …

Ich glaube nur manchmal an Gott.

Wie Gott wirklich aussieht, weiß ja niemand.

Das Wichtigste ist …

Danket dem Herrn,
denn er ist freundlich
und seine Güte
währet ewiglich.

Psalm 118, Vers 29

Das kann ich …

Abraham und Sara

Spielt, wie es weitergehen könnte.

Hast du das auch schon einmal erlebt?

So leben Abraham und Sara

Was weißt du über Abraham und Sara?
Wie lebten sie? Wie lebst du?

Angst vor Neuem – Neues wagen

Gott ist das Licht
auf unserem Weg.
Er zeigt uns,
wo wir hingehen sollen.
Er beschützt uns.

nach Psalm 119, Vers 105

Spielt die Geschichte weiter.

Was macht Abraham und Sara Mut?

Gottes Versprechen

Gott verspricht:
„Ihr werdet Kinder haben.
Eure Nachkommen
werden so viele sein,
wie es Sterne am Himmel gibt.“

Male einen Stern.
Male ihn mit Farben der Freude.

Der Weg nach Kanaan

Gott verspricht:
„Ich will euch
und eure Nachkommen
segnen."

Segnen – was bedeutet das?
Sprecht über eure Ideen.

Der Weg durch die Wüste
ist lang.
Abraham und Sara
vertrauen auf Gott.
Sie ziehen weiter.

Isaak wird geboren.
Abraham und Sara
haben ihn lieb.
Sie danken Gott.

Was fühlen Abraham und Sara auf ihrem langen Weg?
Gestalte deinen liebsten Teil der Geschichte.
Feiert ein Dankfest.

Gott steht hinter dir

1. Gott steht hinter dir,
er stärkt dir den Rücken,
und mit seiner Kraft
wird das Leben glücken.
Gott steht hinter dir,
er steht hinter dir.

2. Gott geht neben dir,
er kann dich beschützen,
und sein guter Geist
wird dich unterstützen.
Gott geht neben dir,
er geht neben dir.

3. Gott ist unter dir
und du wirst getragen,
ob in Freud, ob Leid,
du brauchst nicht verzagen.
Gott ist unter dir,
er ist unter dir.

4. Gott hält über dir
segnend seine Hände
schon von Anfang an
bis zu deinem Ende.
Gott hält über dir
segnend seine Hand.

Wo ist Gott überall?

Findet Bewegungen zum Lied.

Spurensuche

1. Mose 12 bis 21

Das Wichtigste ist …

Ich habe noch eine Frage …

Begleitet mich Gott auch auf meinem Weg?

Das kann ich …

Wo ich gehe, wo ich stehe
bist du, lieber Gott, bei mir.
Wenn ich dich auch
niemals sehe, weiß ich
dennoch: Du bist hier.

Josef

Warum
du
und
nicht ich?

Beschreibe die Bilder. Welche Situation kennst du?
Erzählt und spielt.

Das Geschenk

Vater hat Josef
ein Kleid geschenkt.
Es ist wunderschön.

Josef sieht darin aus
wie ein Prinz.
Ich wäre auch so gern
ein Prinz.

*Sie umringen mich
und starren mich an.*

nach Psalm 17, Vers 11

Schaut die Gesichter an. Was sagen die Brüder?
Stellt das Bild mit Figuren nach.

Josef träumt

Die Brüder sind wütend,
als Josef seine Träume erzählt.

Warum sind die Brüder wütend?

Welche Farbe hat Wut für dich? Male einen Wut-Stein.
Legt einen Kreis aus Steinen. Sprecht Wut-Sätze dazu.

In der Tiefe

Woran denkt Josef? Was fühlt er? Forme Josef mit Knetmasse.

Aus der Tiefe ruft Josef zu Gott. Bete mit Josef.

Die Josef-Geschichte

Mein Gott ist bei mir.
Ich seh' ihn nicht,
versteh' ihn nicht,
und trotzdem ist er hier.

Die Josef-Geschichte als Lied: Sprecht den Refrain mit.

Finde eine Überschrift zu jedem Bild.

Josef im Gefängnis

Sprecht den Text. Passt er auch zu deinem Leben?

Legt ein Bodenbild mit hellen und dunklen Tüchern.

Schreibe in Sprechblasen, was Josef Mut macht.

Der Pharao träumt

Josef kann die Träume deuten.
Er berät den Pharao
und wird ein mächtiger Mann.

Spielt: Josef geht zum Pharao und gibt ihm einen guten Rat.

Rettung …

Vater Jakob und seine Familie
haben Hunger.
Alles ist dürr. Es gibt keine Ernte.
Es gibt nichts zu essen im ganzen Land.

Jakob sagt zu seinen Söhnen:
„Zieht nach Ägypten und
kauft Getreide,
damit wir leben und nicht sterben."

Wie geht es dem Vater? Wie geht es den Brüdern?
Wie geht es Josef? Baut Standbilder.

Gestaltet den Weg der Brüder mit Fingerfarben.

… in Ägypten

Die Brüder kommen nach Ägypten.
Auch in Ägypten gibt es
eine große Dürre.
Sieben Jahre gibt es keine Ernte.

Aber Josef hat gut vorgesorgt.
In Ägypten gibt es
große Getreidehäuser.
Keiner muss hungern.
Alle danken Josef.

Wie könnte die Geschichte weitergehen? Überlegt gemeinsam.

Auch heute hungern Menschen und verlassen ihr Land.
Sammelt Bilder und gestaltet eine Collage.

Ein neuer Anfang

Schaut die Gesichter an. Was denken die Brüder?
Baut eine Brücke zwischen Josef und seinen Brüdern.
Feiert ein Versöhnungsfest.

Spurensuche

Höhen und Tiefen in Josefs Leben – und in meinem Leben?

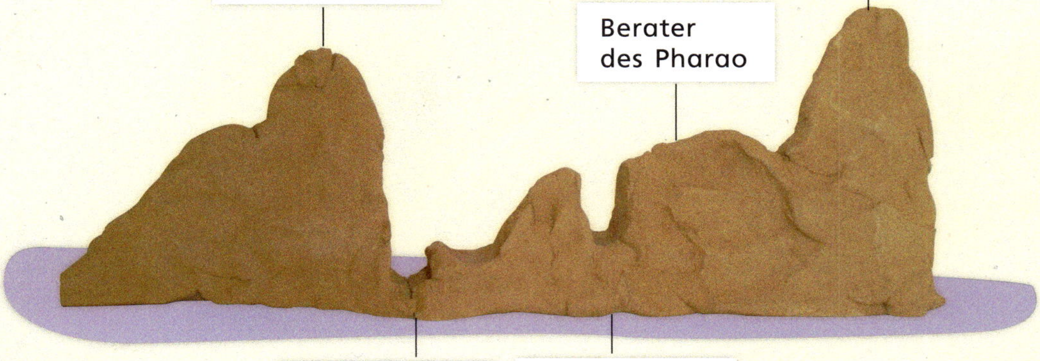

Das kann ich …

Ihr gedachtet es böse mit mir zu machen, aber Gott gedachte es gut zu machen.

1. Mose 50, Vers 20

1. Mose 37 bis 50

Ich habe noch eine Frage …

Wo ist Gott, wenn es mir schlecht geht?

Das Wichtigste ist …

Angst und Mut gehören zusammen

Das Bild erzählt von verschiedenen Gefühlen.
Kennst du diese Gefühle auch?

Ein Lied von der Angst und dem Mut

1. Wenn einer sagt:
„Ich mag dich, du,
ich find' dich ehrlich gut!",
dann krieg' ich eine Gänsehaut
und auch ein bisschen Mut.

2. Wenn einer sagt:
„Ich brauch' dich, du,
ich schaff' es nicht allein.",
dann kribbelt es in meinem Bauch,
ich fühl' mich nicht mehr klein.

3. Wenn einer sagt:
„Komm, geh mit mir,
zusammen sind wir was!",
dann werd' ich rot, weil ich mich freu',
dann macht das Leben Spaß.

4. Gott sagt zu mir:
„Ich hab' dich lieb
und wär' so gern dein Freund!
Und das, was du allein nicht schaffst,
das schaffen wir vereint."

Was erzählt das Lied von Angst und Mut?

Wie kann Gott dein Freund sein?

Wie fühlt sich Angst an?

In der Bibel steht:
Jeder Mensch darf Angst haben.

Die Angst meines Herzens
ist groß.

Psalm 25, Vers 17

Das Wasser geht mir
bis an die Kehle.
Ich versinke in tiefem Schlamm,
wo kein Grund ist.

Psalm 69, Verse 2–3

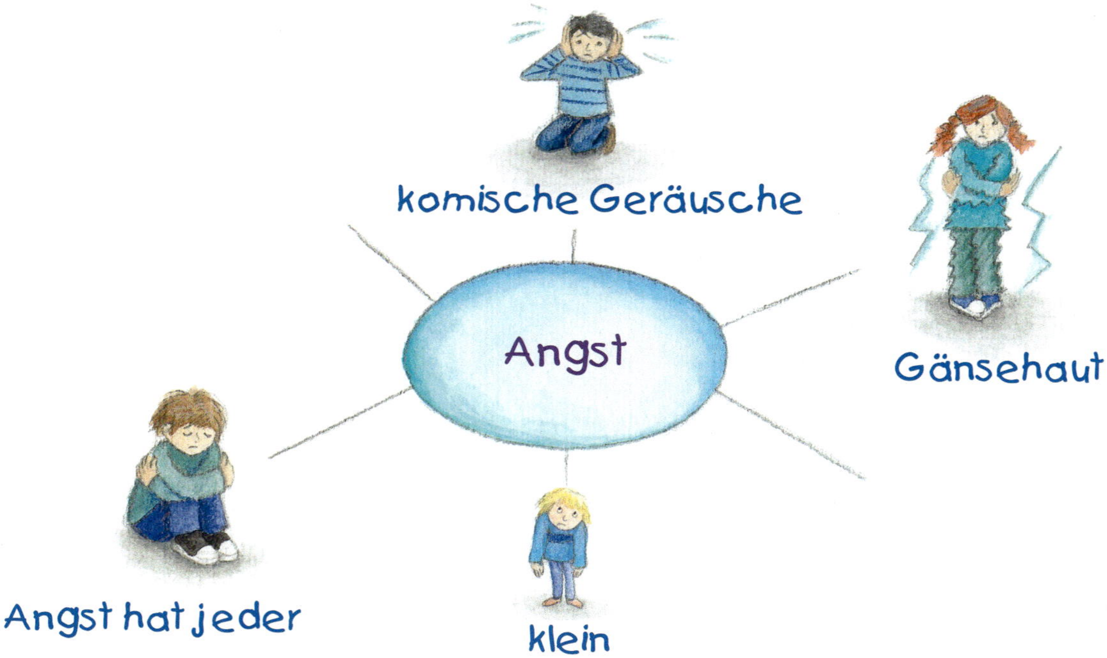

Wovor hast du Angst? Wie fühlt sich Angst an?
Male ein Bild dazu. Schreibe deine Gedanken auf.
Drücke Angst mit deinem Körper, mit deinen Blicken und deiner Stimme aus.

Wie fühlt sich Mut an?

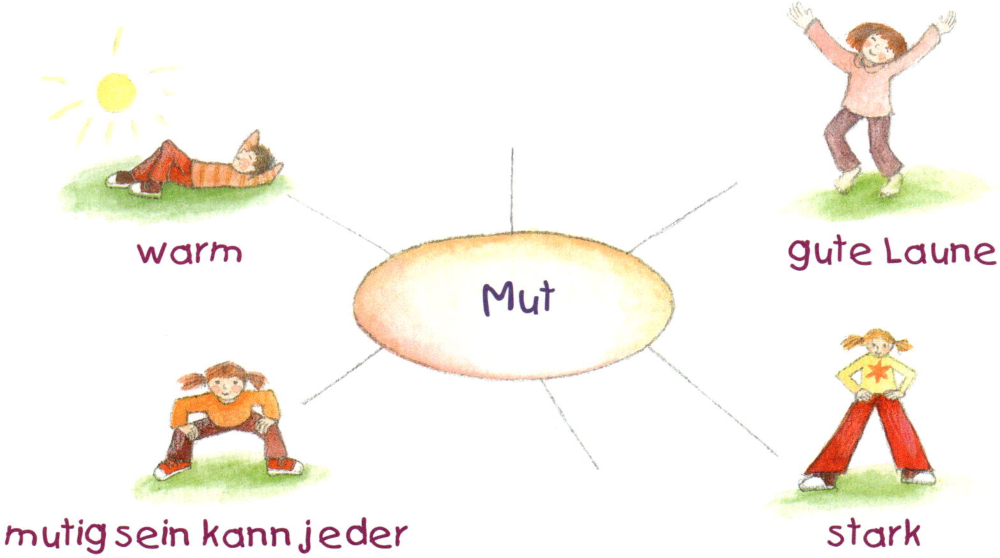

In der Bibel steht:
Jeder Mensch braucht Mut zum Leben.

Du bist mein Fels,
meine Burg,
mein Retter.

Psalm 18, Vers 3

Dass du bei mir bist,
das macht mich stark.

nach Psalm 18, Vers 36

Sprecht über die Bilder und erzählt von euren Gedanken.
Drücke Mut mit deinem Körper, mit Blicken und deiner Stimme aus.
Male ein Mut-Bild. Schreibe deine Gedanken dazu auf.

Jona bekommt einen Auftrag von Gott – Jona flieht

Wie verhalten sich die Menschen in Ninive?

Was soll Jona in Ninive tun?

Jona wird ins Meer geworfen

Was denkt und fühlt Jona?

Spielt nach, was passiert ist.

Jona sitzt im Walbauch und betet

Schreibe auf, was Jona jetzt betet. Gestalte das Gebet mit Farben.

Betet mit Jona.

Jona predigt in Ninive – Er macht eine Entdeckung

Was ist in Ninive geschehen?
Jona sagt: Jetzt weiß ich …

Ich habe Angst und Mut – ich vertraue auf Gott

Ob ich gehe oder liege,
so bist du um mich
und siehst
alle meine Wege.

Von allen Seiten
umgibst du mich
und hältst deine Hand
über mir.

aus Psalm 139

- Gestaltet den Psalm mit Farben, Stoff, Ton, Musik, Wörtern ...
- Angst und Mut – probiert Standbilder aus.
- Sprecht den Psalm gemeinsam.

Spurensuche

Das kann ich …

Meine Oma sagt: „Du brauchst keine Angst zu haben."

Ich habe noch eine Frage …

Das Wichtigste ist …

Mit meinem Gott
kann ich
über Mauern springen.

Psalm 18, Vers 30

Jona 1 bis 4

Wer ist Jesus?

Welches Bild gefällt dir am besten? Begründe und erzähle.

Die Künstler wollen zeigen, was ihnen an Jesus wichtig ist.

Jesus ist der Sohn von Gott,
der macht nur gute Sachen.

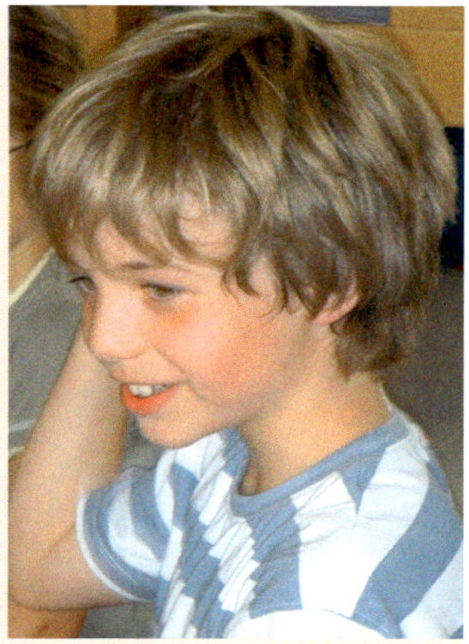

Jesus kann auch gut
mit Kindern umgehen.

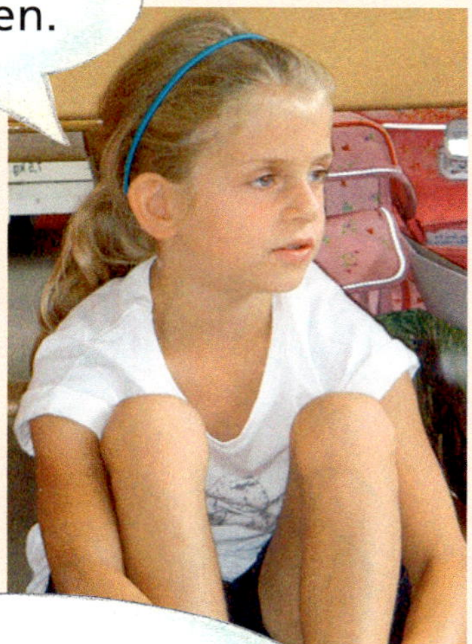

Jesus ist bei uns,
wenn wir traurig sind.

Ich habe Jesus
noch nicht gesehen.

Was denkst du von Jesus?

Male ein eigenes Bild von Jesus.

Jesus lebte in Palästina

Drei Jahre wanderte
Jesus umher
und sagte den Menschen:
„Gottes Reich ist nahe!"

Er erzählte
wunderbare Geschichten.

Er machte
viele Menschen gesund.

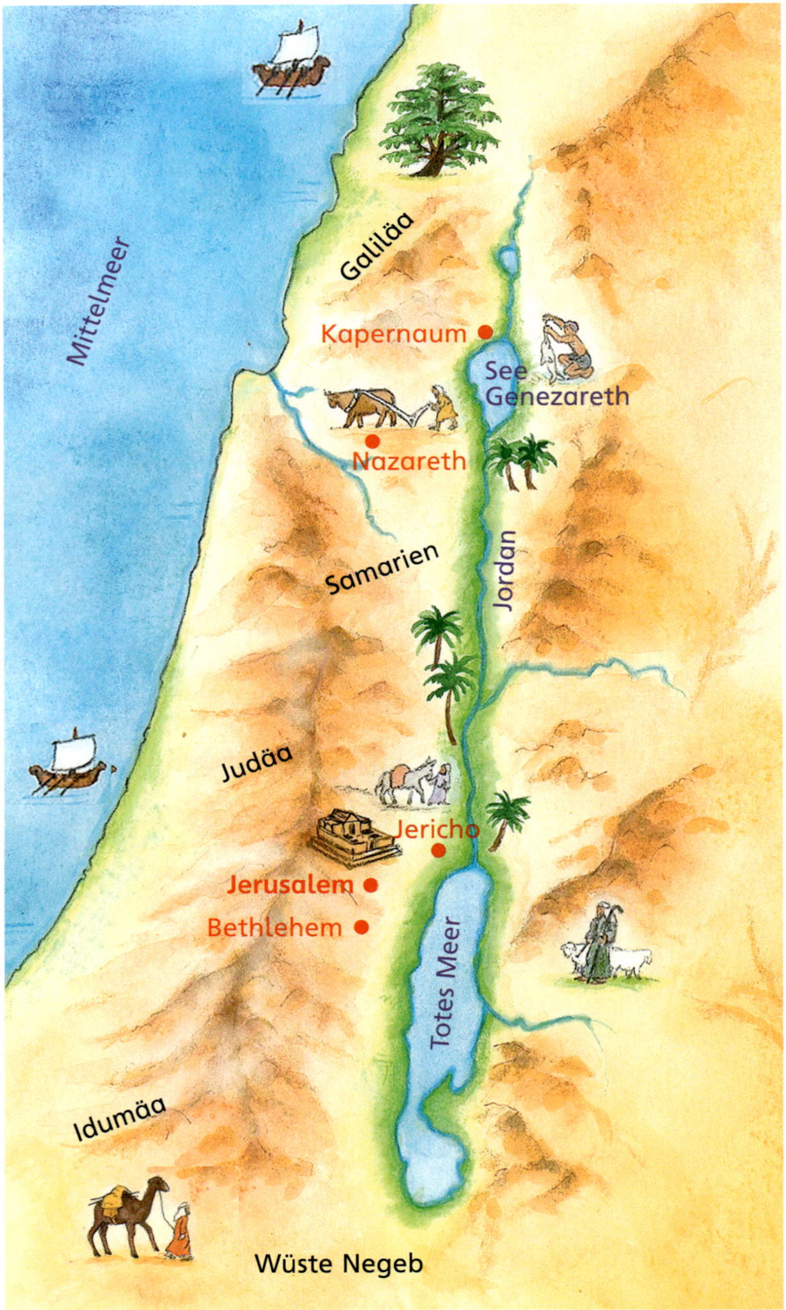

Welche Geschichten von Jesus kennst du?
Wie stellst du dir Gottes Reich vor? Lege ein Bodenbild.

Als Kind lebte Jesus in Nazareth bei seinen Eltern Maria und Josef.

Am See Genezareth rief er seine Jünger: „Kommt mit mir!"

Jesus war Jude.
Er betete in Jerusalem im Tempel.

Bei Jericho traf er Bartimäus und Zachäus. Sie wurden seine Freunde.

Was findet ihr über das Land heraus, in dem Jesus lebte?

Jesus trifft Levi

Levi ist ein Zöllner.
Er nimmt Geld von den Menschen.
Das Geld muss er den Römern geben.
Aber er behält auch etwas für sich.
Niemand mag ihn. Er ist allein.

Warum geht Levi mit Jesus?
Spielt die Geschichte.
Alleinsein ist nicht schön. Sprecht miteinander darüber.

Jesus ruft Jünger

Jesus ruft noch
andere Menschen.
Er sagt:
„Ihr seid meine Jünger.
Helft mir! Wir erzählen
den Menschen von Gott.
Ladet alle ein.“

Jesus und Levi laden ein. Wer geht mit?

Wie können wir heute Jüngerinnen und Jünger von Jesus sein?

Jesus und Zachäus

Zachäus ist ein Zöllner.
Er nimmt Geld von den Leuten.
Sie mögen ihn nicht.
Sie denken: Er ist reich,
weil er uns das Geld wegnimmt.

Jesus ruft: „Komm,
ich will dich besuchen."
Zachäus ist froh.
Er will sich ändern.

Die Leute sagen: „Zachäus
ist ein schlechter Mensch.
Warum geht Jesus zu so einem?"

Jesus sagt: „Jeder darf zu Gott
kommen und neu anfangen."

Was ist das Wichtigste in der Geschichte?
Macht ein Standbild dazu.
Zachäus ändert sich. Feiert ein Fest.

Das verlorene Schaf

Jesus erzählt von Gottes Reich:
Ein Mensch hatte 100 Schafe.
Eins ging verloren. ...

Ein altes Gebet:

Gott ist mein Hirte,
mir wird nichts mangeln.
Er weidet mich
auf einer grünen Aue
und führt mich
zum frischen Wasser.

aus Psalm 23

Bist du auch schon einmal verloren gegangen?
Was erzählt die Geschichte von Gott?
Gestaltet ein Bodenbild zum Gebet.

Jesus und die Kinder

Die Jünger wollen nicht,
dass die Kinder zu Jesus gehen.

Aber Jesus sagt: „Lasst
alle Kinder zu mir kommen.
Sie gehören zu Gott.“

Jesus sagt
zu den Erwachsenen:
„Vertraut Gott so
wie Kinder.“

Bildet einen Kreis und mit den Händen ein Dach.
Ein Kind stellt sich in die Mitte.
Alle singen: Viel Glück und viel Segen … das schenke dir Gott.

Jesus unser Freund

Jesus hat viele Freunde
und Freundinnen.

Gestaltet eine Jesusdecke für eure Religionsklasse. Malt eure Hände.

Sucht noch weitere Freundinnen und Freunde von Jesus.

Jesus vergibt Schuld

Jesus sagt:
„Gott vergibt dir!
Du kannst neu anfangen.
Steh auf und geh
nach Hause."

Manche sagen
über Jesus:
„Darf er das?
Er ist doch
nicht Gott."

Welche Gefühle findest du im Bild? Male.
Spielt die Geschichte.
Freunde sind wichtig. Erzähle.

Ich verzeihe dir

?

So betet Jesus:

Vater unser im Himmel,
vergib uns unsere Schuld,
wie wir vergeben
unsern Schuldigern.

aus Matthäus 6

Was muss beim Fragezeichen passieren? Spielt ohne Worte.

Erzählt eine eigene Geschichte zu den Bildern.

Erfindet Wir-sind-wieder-gut-Rituale.

Die gekrümmte Frau

Wie geht es der Frau am Wegrand? Setzt euch hin wie sie und sprecht für sie.

Findet Klänge für die Geschichte.

Auch heute gibt es viele gebeugte Menschen. Was kann ihnen helfen?

Wer ist Jesus? – Sag mir das

Wer ist Jesus? Sag mir das.
Was der so alles tut.
Wer ist Jesus? Sag mir das.
Er macht den Menschen Mut.

1. Die Menschen wollen Jesus seh´n,
sie kommen von weit her.
Sie haben schon so viel gehört
und mögen Jesus sehr.

2. Sie machen ihre Augen auf
und schauen Jesus an,
erkennen Gottes Sohn in ihm
und folgen ihm sodann.

3. Sie zeigen ihre Kinder gern
und jedes kommt ihm nah.
Er segnet sie so liebevoll.
Gott ist für alle da.

4. Sie tragen ihre Kranken her,
die können kaum noch geh´n,
und Jesus blickt tief in ihr Herz
und hilft dann aufrecht steh´n.

Zu welcher Strophe gibt es kein Bild? Suche ein Bild im Buch.
Erfinde zu jeder Strophe passende Bewegungen.
Wer ist Jesus? Was denkst du?

Bartimäus

Blinde Menschen sehen mit den Händen. Probiert das aus.

Gestalte ein Fühlbild zur Geschichte.

Jesus sagt: „Ich bin das Licht der Welt.“ – Was meint er damit?

Jesus schenkt Brot

Teilen ist nicht immer einfach. Was könnt ihr teilen?

Miteinander essen macht Freude. Probiert es aus.

Jesu Traum vom Reich Gottes

Jesus sagt:

Gottes Reich ist nah,
es ist mitten unter euch.

Kranke werden gesund.

Kleine werden groß.

So betet Jesus:

Vater unser
im Himmel,
dein Reich komme,
dein Wille geschehe.

aus Matthäus 6

Blinden gehen
die Augen auf.

Hungrige werden satt.

Lahme gehen.

Sucht die Geschichten im Buch.
Schreibe deinen Lieblingssatz ab und male ein Bild dazu.

Spurensuche

Das Wichtigste ist …

Wo ist Gottes Reich?
Sollen wir es suchen gleich?
Spitz die Ohren,
mach dich schlau mit mir,
Gottes Reich klopft heut'
an uns're Tür.

Ich habe noch eine Frage …

Das kann ich …

Markus 10,
Verse 13–16

Johannes 6,
Verse 1–13

Unsere Kirche – ein Haus für Gott und Menschen

Gott baut ein Haus,
das lebt aus lauter bunten Steinen,
aus großen und aus kleinen,
eins, das lebendig ist.

Warum bauen Menschen Kirchen?

Wie könnte deine Kirche aussehen?

Das Portal

Der Portalbogen erzählt viele Geschichten.
Was mag hinter dieser Tür sein?

In der Kirche

Findet Namen für die Dinge in der Kirche. Wozu sind sie da?

Gestaltet euer Klassenzimmer so, als wäre es ein Kirchenraum.

Erklärt einander, was in der Kirche gefeiert wird.
Besucht eine evangelische und eine katholische Kirche.
Sprecht über Gemeinsamkeiten und Unterschiede.

Kirche ist mehr

Christen zeigen Gottes Liebe.
Spielt, wie Menschen einander helfen können.

Wie andere Menschen glauben – Juden in der Synagoge

Lea und Dan sind
in Deutschland geboren.
Ihre Eltern und sie
sind Juden.

Sie beten in der Synagoge.

Die Tora ist
ihre Heilige Schrift.
Dort steht auch
die Geschichte
von Abraham und Sara.

Was möchtest du gern über das Judentum erfahren?

Finde heraus, wo eine Synagoge in deiner Nähe ist.

Wie andere Menschen glauben – Muslime in der Moschee

Nafiye und Yilmaz sind
in Deutschland geboren.
Ihre Eltern kommen
aus der Türkei.

Sie sind Muslime und
beten in der Moschee.

Ihr Heiliges Buch
ist der Koran.
Dort steht auch
die Geschichte von
Abraham und Sara.

Was möchtest du gern über den Islam erfahren?

Finde heraus, wo eine Moschee in deiner Nähe ist.

Spurensuche

Das
kann
ich
…

Einladung
zum Gottesdienst
der Klasse 2b
am 5. Juni
um 9.00 Uhr

Thema: Gott hat viele Namen

Das Wichtigste
ist
…

Lob sei Gott,
dem Herrn der Welten,
dem Barmherzigen,
dem Erbarmer.

Sure 1, Verse 2–3

Höre Israel, er,
unser Gott, ist einer.
Liebe ihn, deinen Gott,
mit all deinem Herzen.

nach 5. Mose 6, Verse 4–5

Vater unser im Himmel,
geheiligt werde dein Name.

Matthäus 6, Vers 9

Ich habe
noch
eine
Frage
…

WARUM HAT GOTT
SO VIELE NAMEN?

Lukas 6,
Verse 12–16

Lukas 9,
Verse 1–6

Wir feiern viele Feste

Jedes Jahr feiern wir viele Feste.

Wir erinnern uns an wichtige Ereignisse.

Welche Feste feierst du?
Was feierst du?

Advent und Weihnachten

Im Kirchenjahr feiern Christen viele Feste.
Das Kirchenjahr beginnt am ersten Advent.
Nach dem vierten Advent folgt
das Weihnachtsfest.
Weihnachten feiern Christen
den Geburtstag von Jesus.

Welche Festtage sind in der Weihnachtszeit? Welchen magst du besonders?

Male ein Bild.

Passion und Ostern

Palmsonntag ist Jesus
nach Jerusalem gekommen.
Karfreitag wurde Jesus gekreuzigt.
Ostern ist Jesus auferstanden.

Suche die Geschichten in einer Kinderbibel
und finde heraus, was Passion bedeutet.

Wie feierst du Ostern?

Pfingsten und Trinitatiszeit

Pfingsten feiern Christen den Geburtstag der Kirche.

Im Herbst feiern wir das Erntedankfest.
Am Reformationstag denken wir an Martin Luther. Am Ewigkeitssonntag denken wir an die Toten. Wir zünden Kerzen für sie an.

Welches Fest kennst du schon?
Trinitatiszeit ist ein schweres Wort. Frage nach.
Macht eine Ausstellung zu den Festen.

Juden und Muslime feiern Feste

Am Lichterfest Chanukka
feiern Juden die
Wiedereinweihung
des Tempels in Jerusalem.
Zur Erinnerung daran
zünden sie Kerzen an.
Die jüdischen Kinder
bekommen Geschenke
und Süßigkeiten.

Am Zuckerfest
feiern Muslime
das Ende des Fastenmonats
Ramadan.
An diesem Fest bekommen
muslimische Kinder
neue Kleidung und
viele Süßigkeiten.

Findet mehr über diese Feste heraus.
Wann feiern Juden dieses Jahr Chanukka?
Wann feiern Muslime dieses Jahr das Zuckerfest?

Spurensuche

Lukas 2,
Verse 1–21

Lukas 24,
Verse 1–10

Apostelgeschichte 2,
Verse 1–36

Das Wichtigste
ist
…

Das
kann
ich
…

Herr,
wie sind deine Werke
so groß und viel!
Du hast sie alle
weise geordnet,
und die Erde
ist voll deiner Güter.

Psalm 104, Vers 24

Ich habe
noch
eine
Frage
…

Wir zünden auch Kerzen an.
Können wir gemeinsam feiern?

Die Bibel begleitet uns

Altes Testament

Die Schöpfung

1. Mose 1 und 2

Abraham und Sara

1. Mose 12–21

Neues Testament

Jesus wird geboren

Lukas 2,1–21

Jesus hilft Menschen

Markus 10,46–52

Josef

1. Mose 37–50

Jona

Jona 1–4

Der gute Hirte

Psalm 23

esus hat die Kinder lieb

Markus 10,13–16

Jesus erzählt von Gott

Lukas 15,1–7

Jesus ist auferstanden

Lukas 24,1–10

Die Geschichten der Bibel haben viel mit deinem Leben zu tun.
Suche die Geschichten und Bilder im Buch.

Finde andere passende Bilder und gestalte ein Bibelplakat.

Quellennachweis

Texte

Bibeltexte aus: Lutherbibel, revidierter Text 1984, durchgesehene Ausgabe in neuer Rechtschreibung © 1999 Deutsche Bibelgesellschaft, Stuttgart. Mit „nach ..." gekennzeichnete Texte sind freie Nacherzählungen einer Bibelstelle.

S. 10 Dietrich Bonhoeffer, Von guten Mächten, © Gütersloher Verlagshaus, Gütersloh. **S. 15** Ulrich Schaffer, ... weil du einmalig bist., © Verlag Ernst Kaufmann, Lahr. **S. 20** Laudato si. Text: nach Franz von Assisi, Musik: mündlich überliefert, Sei gepriesen. Text: Winfried Pilz, © Verlag Haus Altenberg, Düsseldorf **S. 23** Fragen stellen kann ich gut. Text: Edelgard Moers, Musik: Martin Buntrock, © Calwer Verlag, Stuttgart/Diesterweg Verlag, Braunschweig. **S. 38** Gott steht hinter dir. Text: Eckart Bücken, Musik: Reinhard Horn, © Kontakte Musikverlag, Ute Horn, Lippstadt. **S. 44/46** Text nach: Das ist genial! (2. Str.). Text: Armin Jans, Musik: Armin Jans, Ingmar Löffler, Benny Nagy, © SCM Hänssler Verlag, Holzgerlingen. **S. 53** Wenn einer sagt – Kindermutmachlied. Text und Musik: Andreas Ebert, © 1979 SCM Hänssler Verlag, Holzgerlingen. **S. 75** Wer ist Jesus? Text: Edelgard Moers, Musik: Martin Buntrock, © Calwer Verlag, Stuttgart/Diesterweg Verlag, Braunschweig. **S. 79** Wo ist Gottes Reich? Text und Musik © Petra Freudenberger-Lötz **S. 80** Gott baut ein Haus, das lebt. Text und Musik: © Waltraud Osterlad.

Abbildungen

Umschlagfotos iStockphoto

Aufgabenvignetten Nicole Bonzelius-Lorenz

|A1PIX - Your Photo Today, Ottobrunn: 80. |alamy images, Abingdon/ Oxfordshire: 71; Edward Parker 71. |alimdi.net, Deisenhofen: Hartmut Poestges 90. |Arbeitsgemeinschaft Christlicher Kirchen in Deutschland e.V., Frankfurt/Main: 83. |Bischöfliches Priesterseminar, Würzburg: Georg Hüter, Guter Hirte 62. |bpk-Bildagentur, Berlin: Bayerische Staatsbibliothek 62. |Brot für die Welt - Evangelischer Entwicklungsdienst, Berlin: 84. |Caro Fotoagentur, Berlin: Muhs 85. |Colourbox.com, Odense: comuinfoto 65; Rotislav Ageev 65. |dfd Deutscher Fotodienst GmbH/ddp images, Hamburg: 28. |epd-bild, Frankfurt/M.: 93; Alexander Fröhlich 85; Andrea Enderlein 91, 95; Bahnmueller 89; Landpixel/Damm-Wage 91; Norbert Neetz 65; Schulze, Jens 83; Zöllner, Rolf 83. |fotolia.com, New York: 28, 40, 89, 90; ArTo 90; Jargstorff, Wolfgang 89; Miredi 40; yellowj 28. |Freudenberger-Lötz, Petra, Kaufungen: 17. |Gesamtverband für Kindergottesdienst in der EKD e.V. am Comenius-Institut, Münster: & © Landesverband für Evang. Kindergottesdienstarbeit in Bayern 28. |Getty Images, München: Strauss/Curtis 88, 94. |Hase, E., Jena: 65. |iStockphoto.com, Calgary: Titel, Titel, Titel, Titel ,14, 92; Gino Santa Maria Titel, 71. |Itze, Ulrike, Ladbergen: 22, 22, 22, 29. |Johanniter Unfall-Hilfe in Österreich, Wien: 84. |KNA - Katholische Nachrichten-Agentur, Bonn: 89; Oppitz, Harald 39; Wolfgang Radtke 83. |Krüper, Werner, Steinhagen: 84. |Kuhnle, Werner, Freiberg: 84, 84. |Langer, Barbara, Laer-Holthausen: 14, 40, 73, 73, 94, 94, 95. |Livanios, Eleni, Graz: 64. |mauritius images GmbH, Mittenwald: 86. |Moers, Jürgen, Dorsten: 8, 8, 11, 11, 11, 11, 11, 28, 29, 32, 36, 37, 37, 52, 54, 55, 61, 79, 86, 92, 92, 94, 95, 95, 95, 95, 95. |Müller-Friese, Anita, Bad Herrenalb: 26, 26, 69, 69, 69. |OKAPIA KG - Michael Grzimek & Co., Frankfurt/M.: 17. |Ostkreuz Bildagentur, Berlin: Werner Mahler 85. |Panther Media GmbH (panthermedia.net), München: Rossian, Jessica 14, Steidl, James 14. |Photocase GmbH, Berlin: kallejipp 40. |photoplexus, Dortmund: 14; Jan Knoff 14, 94. |Picture-Alliance GmbH, Frankfurt/M.: dpa 71, Photoshot 71, dpa 74, Godong 86; Lehtikuva/Jussi Nukari 17. |Pitopia, Karlsruhe: Anne Katrin Figge 40. |pixelio media GmbH, München: Altmann, Gerd 21, Sturm, Rainer 90. |Rauscher, Christine, Ettlingen: 63, 63, 63, 63. |Shutterstock.com, New York: tlegend 62. |Sieger Köder-Stiftung Kunst und Bibel, Ellwangen: Sieger Köder, Du deckst mir den Tisch 27. |ullstein bild, Berlin: KPA 17, AP 71; Imagno 91. |Vellguth, Klaus, Aachen: Sieger Köder, Der Segen der Taufe 62. |von Altrock, Ulrike, Neubulach: 40, 51. |Wefringhaus, Klaus, Braunschweig: 29. |Zeeh-Silva, Brigitte, Grebin: 13, 13, 13, 21, 31, 31, 31, 39, 61, 79, 87, 93.